AF262047

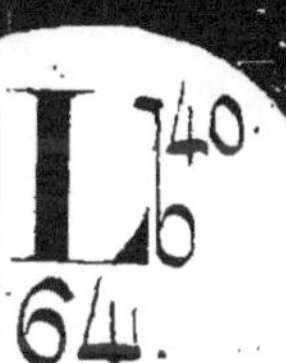

OPINION
DE M. KORNMANN,

Ancien Magiſtrat de la Ville de Strasbourg, Repréſentant de la Commune de Paris, nommé Commiſſaire-Adjoint pour l'examen de la Queſtion relative au ſervice de la CAISSE-D'ESCOMPTE,

Prononcée à la Séance du 31 Janvier 1790.

MESSIEURS,

COMME la Queſtion actuellement ſoumiſe à votre examen eſt, dans la circonſtance où nous-nous trouvons, la plus importante que vous puiſſiez agiter, je ſens tout le beſoin que j'ai de votre indulgence dans la diſcuſſion à laquelle je vais me livrer. Cette indulgence m'eſt d'autant plus néceſſaire, que la matière ſur laquelle nous délibérons eſt très-ingrate par elle-même ; que je ne puis me diſſimuler qu'elle heurte, d'une manière ſenſible, les intérêts de quelques Ci- toyens qui ont une grande influence ſur vos opinions ; & que d'ailleurs, à ces premiers incon- véniens ſe joint pour moi la difficulté de me faire entendre dans une Langue qui n'eſt pas celle de ma Province, & que je ne puis pro- noncer, avec l'accent qui lui eſt propre.

La ſollicitude des Diſtricts ſur la ſituation allarmante où la rareté du numéraire plonge la

Capitale a excité bien vivement votre attention; &, si-tôt que cette sollicitude vous a été manifestée, il vous a paru convenable, afin de ne rien décider au hazard, de nommer six Commissaires chargés de prendre tous les renseignemens nécessaires sur les causes de la rareté d'argent dont on se plaint, & sur les moyens de la faire cesser.

J'ai applaudi, comme tous les bons Citoyens, au parti prudent que vous avez pris; &, en même temps, il m'a paru que je concourrois essentiellement à vos vues, si, dans un ordre de choses, que je crois connoître, je contribuois, autant qu'il seroit en moi, à augmenter la masse des notions que vous desirez.

En conséquence, j'ai remis à vos Commissaires, & répandu dans cette Assemblée, un Ouvrage intéressant, publié dans le courant du mois de Novembre dernier; c'est-à-dire à l'époque où l'Assemblée Nationale s'occupoit de trouver un moyen prompt de restauration pour nos Finances.

Cet Ouvrage contenoit, selon moi, des idées nouvelles, & des principes non encore apperçus sur les Banques, le Commerce & les Finances; & j'ai la satisfaction de sçavoir, aujourd'hui, que le jugement que j'en ai porté, est aussi celui qu'en ont porté les premiers Négocians de l'Europe. J'avois donc cru qu'il pouvoit contribuer à diriger nos opinions, & faciliter à vos Commissaires le travail que vous leur avez prescrit.

Dans cette idée, j'attendois, avec confiance, le Rapport qu'ils devoient vous faire; mais, ce Rapport ayant été retardé, parce que la maladie du premier Ministre des Finances n'a pas permis d'en conférer promptement avec lui, & moi-même, d'un autre côté, croyant m'appercevoir qu'on ne saisissoit pas la Question soumise à votre examen, sous son vrai point de vue, j'ai pensé qu'il étoit de mon devoir de faire part à mon District des idées d'après lesquelles j'estimois qu'il falloit la résoudre. J'ai donc fait une *Motion* dans laquelle je me suis attaché à développer, à ma manière, & les causes qui, dans mon opinion, opèrent cette rareté d'argent qui nous est si funeste, & les moyens de la faire cesser actuellement, & de la prévenir, sans retour, pour la suite. Cette *Motion* a été accueillie ; on a desiré que je vous la communiquasse ; vous avez jugé à propos d'ordonner qu'elle seroit remise à vos Commissaires pour vous en être rendu compte, lors de leur Rapport, & vous m'avez, en même temps, adjoint à leur travail. Ayant entendu votre décision, je n'ai rien eu de plus pressé que de passer, le lendemain, chez l'un d'eux pour lui porter ma *Motion*, & conférer avec lui, d'après ma propre expérience, & les longs séjours que j'ai faits dans les principales Villes de Commerce de l'Europe, sur la mission dont il étoit chargé.

Je ne l'ai point rencontré, & j'attendois tranquillement, suivant l'assûrance d'un autre Commissaire, qu'on voulût bien me faire connoître le moment où, conformément au vœu de l'Assemblée, je pourrois contribuer, par mes foibles lumières, à vous procurer les instructions les plus complettes sur le parti qui vous reste à prendre.

Il paroît qu'on n'a pas jugé bien nécessaire une discussion avec moi ; car le travail de la Commission a été terminé sans mon concours ;

& ce n'eft qu'hier famedi, à cinq heures du foir feulement, que j'ai été invité à en prendre connoiffance.

J'ai la plus haute opinion des perfonnes que vous avez honorées de votre confiance ; & certes, je ne fuis nullement tenté d'établir entr'eux & moi un paralléle, qui ne pourroit que m'être infiniment défavantageux.

Mais il s'agit ici du bonheur de la Capitale, de la deftinée peut-être du Royaume entier ; &, en des circonftances fi critiques, ce n'eft plus de fa propre modeftie, mais de la Vérité toute feule qu'il faut prendre confeil, quand, en effet, on croit avoir une vérité importante à propofer.

Vous venez d'entendre, Meffieurs, le Rapport de vos Commiffaires ; je ne puis qu'applaudir au mode dans lequel ils vous l'ont préfenté. Mais leurs principes ne font pas les miens ; & je ne faurois, fans crainte de trahir vos intérêts, leur en faire le facrifice. Je ne m'arrêterai point à réfuter leur opinion ; je me contenterai de vous expofer la mienne. Si j'ai raifon, ils font fuffifamment réfutés.

Vous me permettrez donc, Meffieurs, de revenir fur les principes de ma Motion qui fe trouvent attaqués par le Rapport de vos Commiffaires, & de donner à ces principes de nouveaux développemens.

Elle avoit pour objet, comme vous le favez, de faire connoître toutes les caufes de la rareté du Numéraire dans la Capitale, & d'en indiquer, en même temps, tous les remédes.

La plus frappante de ces caufes, eft, à mon fens, l'exiftence de la Caiffe d'Efcompte ; le plus efficace des remédes, eft donc la liquidation de cette même Caiffe.

On s'efforce de me contester cette vérité; il faut, tout de nouveau, que je m'occupe à la démontrer.

Vous devez vous rappeller, Messieurs, que, lors de l'Etablissement de la Caisse d'Escompte, le Public étoit encore tellement effrayé du souvenir des événemens qui avoient accompagné le systême de Law, qu'il fut expressémement stipulé : « que, pour que cet Etablissement ne pût » tourner contre la Nation, il demeureroit sans » aucune relation avec le Gouvernement, & que » ses fonctions seroient bornées à escompter le » Papier de commerce, afin de tenir le taux de » l'intérêt de l'argent, dans une proportion avan- » tageuse, & de forcer les Capitalistes à une con- » currence qui, en diminuant le gros intérêt, » rendroit le Numéraire comme plus abondant, » en lui donnant une plus grande activité ».

Il ne me seroit pas bien difficile de prouver que, dès cet cet instant-là même, l'Etablissement de la Caisse étoit vicieux ; que son Papier ne circulant pas, & ne pouvant pas circuler dans les Provinces & dans l'Etranger, il ne tendoit déjà qu'à chasser le Numéraire de la Capitale, & qu'à mettre le change contr'elle, soit dans les Provinces, soit dans les diverses Places de l'Europe.

Mais je n'ai pas le temps de tout éclaircir, & je ne veux pas abuser de vos momens.

La Caisse d'Escompte n'a pas respecté longtemps les principes rigoureux de son institution.

Le Gouvernement a eu des besoins pressans ; il a eu recours aux emprunts. Ces emprunts devenant très-avantageux, par le gros intérêt qu'ils offroient, beaucoup de Négocians étrangers ont spéculé dans nos fonds publics, & voici ce qui est arrivé.

Comme la Caisse escomptoit toutes les Traites revêtues de bonnes signatures, au lieu de verser leur argent dans nos emprunts, les Etrangers, & même nos Capitalistes de Province, ont envoyé des Traites à leurs Correspondans à Paris, à trois mois de date, ou à trois usances, lesquelles ont été échangées contre les Billets de la Caisse; &, le Gouvernement recevant ces Billets en paîment dans ses emprunts, ils y ont pris des intérêts sans bourse délier.

Leurs Traites ensuite venant à écheoir, ce n'est pas encore de l'argent qu'ils nous ont envoyé; mais d'autres Traites qui, toujours escomptées par notre Caisse, les ont dispensés, pour s'acquitter envers nous, de détourner les fonds qu'ils faisoient valoir d'un autre côté dans le Commerce.

Cependant, puisqu'ils avoient pris part dans nos emprunts avec notre propre papier échangé contre le leur, il falloit bien leur payer l'intérêt des sommes fictives qu'ils y avoient versées. Et comment falloit-il les payer? En numéraire réel, attendû que les Billets de la Caisse livrés au Trésor-Royal n'avoient pas cours chez eux; &, alors, qu'est-il arrivé? que le Change sur Paris a pris une grande défaveur, que l'argent s'est écoulé de la Capitale chez l'Etranger par toutes les routes, & que, plus nous avons augmenté la masse de nos Emprunts, plus l'Etranger, avec la malheureuse facilité que lui offroit la Caisse d'Escompte pour escompter ses Traites, a pompé notre argent, & a diminué nos véritables ressources.

Il faut que je rende ceci tellement clair, qu'il n'y ait personne qui ne puisse facilement l'entendre.

Je suppose un Emprunt ouvert. Les conditions sont avantageuses pour engager les Maisons de Commerce étrangères à y prendre part. Deux Banquiers d'Amsterdam, que j'appellerai *Pierre* & *Paul*, veulent s'y intéresser pour dix millions, & cependant ne pas débouser un sol. Que font-ils? Ils s'entendent entr'eux de cette sorte.

Pierre a un Correspondant à Paris, que j'appellerai *Jacques*; Paul en a un autre, que j'appellerai *Charles*.

Pierre fournit sur son Correspondant, Jacques, pour cinq millions de Traites; Paul fournit, de son côté, pour la même valeur de cinq millions de Traites sur son Correspondant, Charles. Cette opération faite, Pierre & Paul échangent entre eux leurs Traites; c'est-à-dire que Pierre endosse celles de Paul, & Paul celles de Pierre. Au moyen de cet échange, Pierre envoye les Traites de Paul, endossées par lui, à son Correspondant Jacques, afin qu'il les fasse accepter par Charles, Correspondant de Paul, & Paul envoye les Traites de Pierre, endossées par lui, à son Correspondant Charles, afin qu'il les fasse accepter par Jacques, Correspondant de Pierre.

Voilà donc les Traites de Pierre & de Paul d'Amsterdam, revêtues d'une acceptation de Banquiers de Paris, connus par leur solidité. Les voilà donc propres à être escomptées à la Caisse; &, en effet, elles y sont escomptées ou échangées contre des Billets de Caisse, déduction faite de l'escompte, à raison de quatre pour cent par an; & puis, comme les Billets de Caisse sont reçus au Trésor-Royal, voilà les Lettres-de-Change, ainsi converties en Billets de la Caisse, portées au Trésor-Royal, & reçues pour la valeur de dix millions. Jufqu'à préfent, comme vous pouvez le remarquer, nos deux Banquiers Hollandois n'ont pas verfé un fol dans nos fonds publics.

Cependant l'échéance des Traites de Pierre & de Paul arrive.

S'il n'y avoit point de Caiffe d'Efcompte, ils fe verroient forcés de les réalifer en écus ; mais la Caiffe d'Efcompte fubfifte, & alors, au lieu de les réalifer en écus, que font-ils ? Ils employent le même manége ; c'eft-à-dire qu'ils alimentent leurs anciennes Traites par d'autres Traites, également croifées, qu'ils font efcompter à la Caiffe ; & cette opération fe renouvelle ainfi, tous les trois mois.

Mais tout emprunt porte intérêt ; &, fi vous fuppofez que l'Emprunt, dont il s'agit ici, donne douze pour cent de profit, il vous faudra payer, tous les ans, aux deux Banquiers Hollandois ce profit de douze pour cent, moins les quatre pour cent d'efcompte, de plus les deux pour cent de commiffion aux deux Banquiers de Paris, pour leur acceptation ; c'eft-à-dire fix pour cent. Nos Banquiers étrangers percevront donc pour leurs dix millions en papier, qu'ils n'ont pas réalifés, & qu'ils font les maîtres de ne jamais réalifer, tant que la Caiffe d'Efcompte durera, un bénéfice de fix pour cent ; &, comme il n'y a que des valeurs réelles qui ont cours chez eux, ce fera néceffairement avec nos écus que nous folderons ce bénéfice, lequel fe trouve être de 600,000 liv. par année fur cette opération.

Vous les voyez donc d'ici garder leur argent pour l'employer à la profpérité & aux entreprifes de leur Commerce, &, de plus, foutirer notre numéraire, pour un argent qu'ils nous promettent toujours, & qu'ils ne nous donnent jamais.

Ces combinaisons ont été employées avec beaucoup d'art par les Banquiers étrangers, & fur-tout par les Banquiers Génevois; & vous devez bien imaginer que, tant que vous aurez une Caiffe, il vous fera toujours impoffible de les empêcher de manœuvrer de cette manière, & que, plus vous emprunterez, moins vous aurez d'argent, quoiqu'au premier coup-d'œil, il femble que les emprunts doivent augmenter la maffe de votre argent; ce qui arriveroit fans doute, fi la Caiffe n'exiftoit pas.

Ici, je ne puis m'empêcher de vous faire re-marquer la différence qui fe trouve entre les temps du Syftême de Law, & le temps préfent. Au temps du Syftême, temps au refte qui n'a pas duré, c'étoient particulièrement les François qui jouoient le jeu dangereux de l'Agiot; & fi alors l'argent, par l'abondance du papier, a dif-paru, ce font les François eux-mêmes qui l'ont envoyé chez l'Etranger, afin de le fouftraire à l'inquifition defpotique qui ordonnoit des puni-tions contre ceux qui ne le porteroient pas aux Hôtels des Monnoies, à l'effet de l'échanger contre du papier.

Les Joueurs habiles de cette époque, conver-tiffoient en efpéces réelles, les bénéfices qu'ils avoient faits; &, l'ordre rétabli, ils ont tout na-turellement retiré le numéraire qu'ils avoient mis à l'abri pendant le défordre. Mais il n'en eft pas de même ici: l'agiotage de la Caiffe-d'Efcompte a particulièrement enrichi les Etrangers; ils ont joué avec nous, fans expofer leur argent; ils jouent de cette manière depuis plus de dix années; & certes vous ne devez pas vous flatter qu'après vous avoir pris pour dupes si long-temps, ils soient très-empreffés à vous reftituer des profits que vous avez eu la bonhomie de leur laiffer faire.

Je dois vous faire remarquer encore combien l'Adminiftration s'eft trompée, quand elle a cru pouvoir arrêter le jeu effrayant de l'agiotage par des Arrêts du Confeil. Que fignifioient des Arrêts du Confeil, quand, d'un autre côté, cette même Adminiftration autorifoit ce jeu, en permettant que le numéraire fictif fe multipliât fur la place, beaucoup au-delà des befoins du Commerce? Qui ne voit que, par une conféquence néceffaire de cette furabondance de papier, le jeu de l'agiotage a du indifpenfablement s'accroître, & qu'ainfi néceffairement ce qu'on vouloit détruire d'une main on l'établiffoit de l'autre?

Ce n'eft pas tout, & je continue. Vous venez de voir ce qu'a opéré le papier de la Caiffe, relativement aux Emprunts; il faudroit voir enfuite ce que la Caiffe elle-même a opéré en prêtant des fommes confidérables au Gouvernement, qui lui en payoit l'intérêt. Comment a-t-elle fourni ces fommes? Toujours en Billets mis fur la place. Et ces Billets qu'ont-ils produit? Néceffairement une plus grande rareté d'argent dans la Capitale; car, encore une fois, comme ils ne circulent pas au-delà de fes murs, & qu'il faut cependant bien qu'elle paye fes dettes, c'eft avec de l'argent qu'elle eft contrainte de les acquitter, de même que c'eft avec le papier fabriqué dans fon fein qu'on acquitte les créances qu'elle poffède; ainfi, la fortie du numéraire effectif de la Capitale s'eft trouvé invariablement déterminée, tandis que la rentrée est devenue, par la position des choses, tout-à-fait impraticable.

Et observez la manière dont les Etrangers se font de nouveau prévalu de ces circonstances. Toujours attentifs à profiter de nos fautes, ils n'ont pas tardé à voir qu'au moyen du jeu de l'agiotage, les profits de la Caisse d'Escompte augmentoient, en raison de la masse énorme de Lettres-de-change qu'elle escomptoit ; que delà nécessairement les Actions de cette Caisse acquerreroient une grande valeur, vû que les répartitions des bénéfices, appellées *Dividendes*, devenoient considérables.

D'après cet apperçu, ils n'ont pas manqué de s'intéresser dans le jeu des Actions, comme dans les Emprunts ; mais ils étoient sans cesse à l'affût de leur cours, & ils avoient grand soin de les vendre, quand ils remarquoient qu'elles étoient portées à leur plus grande valeur. Dès-lors, tout le profit qui résultoit tant par le Dividende que par le bénéfice de la revente des Actions, il a bien fallu encore leur en faire le retour en valeurs réelles, ou valeurs autres que les Billets de la Caisse ; ce qui, pour le dire en passant, a occasionné une nouvelle défaveur pour le Change sur Paris.

Ainsi donc, il me paroît démontré que, plus on multipliera le numéraire fictif de la Caisse d'Escompte, & plus on doit s'attendre à voir le numéraire devenir rare dans la Capitale.

D'après cette idée, il est évident que l'Assemblée Nationale, en consolidant l'Etablissement de la Caisse d'Escompte par un Décret, loin de faciliter la circulation de l'argent dans notre Ville, a, au contraire, contribué à l'en bannir de plus en plus; il est encore évident que si, à la masse énorme de Billets qui existe déjà, on en ajoute pour la somme de quatre-vingts millions, laquelle, en conformité du Décret, doit être versée au Tréfor-Royal, infailliblement bientôt on ne trouvera de l'argent à aucun prix; & alors à quoi ne devons-nous pas nous attendre?

C'est en vain qu'on objecteroit que la Caisse d'Efcompte s'occupe maintenant à faire fabriquer une grande quantité de matières d'or & d'argent, qu'elle a achetées dans l'Etranger, & qu'elle fait fabriquer, même à perte, pour augmenter la circulation. D'abord, qui fupportera cette perte? Ne fera-ce pas, en dernière analyfe, le Public ou la Nation?

Si un écu de fix livres, revient, par exemple, (par l'achat de la matière chez l'Etranger, la perte fur le change pour le rembourfement de cette matière, fon tranfport, frais de fabrication &c.) à fix livres douze fols, ces douze fols de furplus à qui font-ils payés? n'eft-ce pas à l'Etranger qui fournit les matières d'or & d'argent, que la balance du Commerce n'a pu nous apporter?

Si votre Correfpondant d'Efpagne vous envoye pour un million de piaftres, & que, pour fon remboursement fur Paris, & à caufe de la grande défaveur du Change, il fe trouve obligé de tirer un million, quatre-vingts mille livres; ce ne fera jamais que fon million de piaftres que vous fabriquerez, & les quatre-vingts mille livres qu'il tirera de furplus, deviendront infailliblement pour vous une perte réelle, qu'aucun bénéfice ne compenfera. D'ailleurs, comment me prouvera-ton que ces matières d'or & d'argent augmenteront la circulation dans Paris? Songez donc que Paris doit toujours plus qu'on ne lui doit ; &, comme je viens de vous démontrer qu'il ne peut payer qu'en écus , vous voyez bien que tant que vous aurez une quantité énorme de Papier fur la place , tout ce que vous fabriquerez d'efpéces ne fervira qu'à payer vos dettes au-dehors.

C'eft envain qu'on objecteroit, en fecond lieu, que l'Impôt, une fois rétabli , pourra ramener l'argent dans Paris, & qu'il n'y a qu'*à attendre* pour le voir reparoître, ainfi que vous l'obfervent vos Commiffaires. Remarquez que, fous le Miniftère de M. de Calonne , les Impôts étant en pleine perception, on n'en a pas moins été obligé de défendre la fortie des efpéces qui s'écouloient de toutes parts, à mefure que le Papier fe multiplioit ; & puis, obfervez bien ceci, c'eft que, par-tout où il exifte un morceau de Papier , il tient néceffairement la place d'une fomme d'argent égale à fa valeur. Or , vous avez fur la Place de Paris beaucoup plus de Papier qu'il n'en faut pour repréfenter les Denrées & les Marchandifes qui s'y trouvent. Vous n'y avez donc laiffé aucune place pour l'argent ; &, tant que le papier fubfiftera, quoique vous faffiez , il me paroît impoffible que l'argent s'y montre.

C'eft en vain qu'on objecteroit , en troifiéme lieu , ainfi que vos Commiffaires vous le difent encore, qu'on s'épargneroit bien des inconvéniens, bien des convulfions, fi, pour le moment préfent, & parce qu'on ne peut faire mieux, on portoit un Décret qui étendroit la circulation des Billets de Caiffe dans tout le Royaume. D'abord, il s'agiroit de fçavoir fi nos Villes de Commerce le fouffriroient, je dis le *fouffriroient* parce que tout le monde a le droit d'empêcher fa propre ruine. Enfuite, que feriez-vous par cette opération ? Vous chafferiez l'argent des Provinces, où il ne circule pas déjà en trop grande abondance, comme vous l'avez chaffé de la Capitale, & vous anéantiriez le Commerce d'un feul coup ; car, d'après tout ce que je vous ai dit, vous voyez bien que l'Etranger qui auroit befoin d'acheter chez vous, ne vous païeroit jamais qu'avec votre propre papier, & que, lorfqu'il vous faudroit acheter chez lui, ce ne feroit qu'avec des écus que vous n'auriez plus, & que vous ne pourriez vous procurer qu'à des prix exorbitans.

C'eft en vain qu'on objecteroit, en quatriéme lieu, que la Caiffe d'Efcompte a fait ce bien à la France, qu'en multiplianr le papier, elle a multiplié les fignes repréfentatifs des denrées & des marchandifes ; qu'elle en a, conféquemment, hauffé la valeur, & que, fous ce point de vue, elle a donc été utile au Commerce & à l'Agriculture, attendû qu'elle a enrichi le Marchand & le Laboureur du furcroît de valeur qu'elle a donné à leur propriété ; & que cette confidération doit entrer pour quelque chofe, lorfqu'il s'agit d'examiner s'il convient de la détruire.

Meffieurs, ce raifonnement qu'on ne ceffe de faire, lorfqu'on veut donner du crédit au Papier-Monnoye, eft un des plus mauvais raifonnemens économiques qu'on puiffe fe permettre. D'abord, vous voudrez bien remarquer que votre papier, ne circulant qu'à Paris, n'a pu hauffer le prix de toutes chofes qu'à Paris ; que, de plus, en favorifant l'agiotage & les fortunes rapides, dont il est la cause, il a détourné des routes du Commerce l'argent nécessaire à ses spéculations; qu'il a donc considérablement diminué dans toute l'étendue de nos Provinces les Entreprises de nos Négocians, & que c'est-là une des principales causes qui fait que la balance générale du Commerce est constamment contre nous.

Ensuite, je vous ferai observer, en supposant que votre papier eût rehaussé dans toute la France, le prix des Denrées & des Marchandises, que, sous ce point de vue, il auroit porté un préjudice énorme à votre Industrie.

Rapellez-vous ce qui s'est passé en Espagne, à l'époque de la découverte de l'Amérique. L'espagne se trouva tout-à-coup comme inondée de l'or & de l'argent du Nouveau-Monde; tout-à-coup aussi, les divers objets de son Commerce acquirent une valeur prodigieuse; mais, que résulta-t-il de cet accroissement de valeur? Que les Nations Etrangères, qui étoient en usage de se pourvoir chez elle, n'étant plus assez riches pour acheter dans ses Ports & dans ses Atteliers, s'en éloignèrent; qu'elle perdit toute son Industrie, tandis que celle des autres Nations s'accrut; qu'il ne lui resta plus que son or & son argent, avec lesquels, depuis, elle a constamment acheté, au-dehors, ce que ses propres Habitans étoient autrefois en possession de lui fournir.

Or, voyez maintenant ce qui vous arrivera, si, avec votre papier, vous continuez à hausser le prix de toute chose. Les Etrangers qui trouveront ailleurs, à meilleur compte, ce que vous ne pourrez plus que leur vendre à un prix énorme, cesseront infailliblement de fréquenter vos Ports & vos Villes Manufacturières; & votre Industrie tombera. D'autre part, l'argent, comme je vous l'ai démontré, devenant infiniment rare chez vous, à caufe de ce même papier qui le chaffe fans ceffe, il vous fera impoffible d'acheter dans les Marchés étrangers, les objets que votre Luxe ou votre Commerce vous ont rendus néceffaires; &, tandis qu'il refte au moins à l'Efpagne une partie de l'or & de l'argent qu'elle tire de fes Mines, vous n'aurez plus vous, qu'une fomme immenfe de Billets, ou plutôt des chiffons fans valeur, de quelque couleur que vous puiffiez les diftinguer ; un difcrédit général, une pauvreté univerfelle, & une grande dépopulation fuccéderont aux jours de vos illufions, & de votre imaginaire profpérité.

C'eft en vain, en cinquiéme lieu, qu'on objecteroit que cependant il exifte une Banque en Angleterre, & que l'on convient, affez généralement, que c'eft à cette Banque que l'Angleterre doit fa richeffe.

Non, ce n'eft pas à fa Banque que l'Angleterre doit fa richeffe. Ce font fes Colonies & fur-tout fes Colonies de l'Inde qui, fourniffant à fon Commerce d'immenfes matériaux, la mettent dans le cas de prévaloir dans tous les Marchés du Monde. Il y a long-temps que fa Banque l'auroit ruinée, fi, à mefure qu'elle chaffe le numéraire de chez elle, fon Commerce, toujours alimenté par les caufes dont je viens de parler, ne l'y reproduifoit fans ceffe. Mais voyez encore quel préjudice lui apporte cette Banque fi célébre, puifqu'avec un Commerce double au moins de celui de la Hollande, elle s'eft vu forcée d'empêcher la fortie des efpéces de chez elle, tandis que la Hollande en fournit

à

à toute l'Europe, fans épuifer jamais fes reffources en ce genre.

Je fais que, pour faire valoir la Banque de
Londres, on cite, avec une efpéce d'emphâfe,
l'autorité d'un grand Ecrivain, M. Schmit, qui, dans
fon Livre fur la *Richeffe des Nations*, s'attache à
prouver l'utilité des Banques. Mais les autorités
ne fignifient rien ici; ce font les raifonnemens
qu'il faut apprécier, & je défie qu'on trouve
dans M. Schmit un feul raifonnement qui dé-
truife ce que je viens de vous dire; &, de plus,
s'il faut oppofer autorités à autorités, j'ai pour
moi celle du célèbre Newton qui, chargé, fur la
fin de fa vie, de la refonte des Monnoies en
Angleterre, & appliquant à l'objet dont il s'occupoit, cette fagacité de génie dont la Nature
l'avoit doué, déclara qu'il regardoit comme une
inftitution défaftreufe précifément cette fameufe
Banque, dont nous avons eu le malheur d'imiter
l'Etabliffement. J'ajouterai que l'Ouvrage que j'ai
fait diftribuer ici, égal en profondeur à celui de
Schmit, fur cette matière, porte, jufqu'à l'évi-
dence, ce que Newton n'avoit fait qu'annoncer.

Enfin, c'eft en vain qu'on m'objecteroit que
le moment actuel n'eft pas propre à la liquidation de la Caiffe d'Efcompte. Je vous invite fim-
plement à réfléchir à votre pofition. Ou il vous
faut liquider, le plus-tôt poffible, la Caiffe d'Efcompte, ou bien vous-vous verrez contraints à
demander qu'il foit décrété que fes Billets auront
un cours forcé dans tout le Royaume; car il
feroit abfurde que Paris fe remplît de papier,
tandis que l'argent feul auroit cours dans les
Provinces. Or, je n'ai pas befoin de vous rappeller que votre Commerce eft perdu; que votre

B

argent s'écoulera, de plus en plus, dans l'Etranger; que votre ruine est certaine, & qu'elle sera durable, si vous prenez ce parti funeste. De deux choses l'une : ou la liquidation de la Caisse doit se faire dans peu; ou bien, en violant la liberté du Négociant, en le plaçant dans une situation absolument défavorable, je dois même dire impossible vis-à-vis de l'Etranger, au moyen du Papier que vous le forcez de recevoir, il vous faut anéantir toute votre Industrie, & vous attendre aux plus horribles convulsions dans le système entier de votre Commerce. Choisissez; & songez qu'au moment où je vous parle, vous ne pouvez vous dispenser de choisir.

Ne me dites pas, comme j'ai entendu quelques hommes peu instruits l'avancer, que cette liquidation même que je vous propose, occasionneroit une grande commotion dans le Commerce. D'abord je vous répondrai que cette liquidation est inévitable; que plus vous la retarderez, & plus, d'après mes principes, & surtout si la Caisse a inondé la France de son Papier, & que chaque Négociant s'en trouve malheureusement pourvu, plus, dis-je, la commotion, dont vous me parlez, sera violente, & plus elle deviendra universelle & profonde; ensuite, je soutiendrai qu'au fond, cette commotion ne sera pas aussi forte qu'on le prétend; qu'il est possible de prendre des arrangemens pour en diminuer l'effet; que, si la liquidation est ordonnée avec sagesse, tout ce qui en résultera pour le Public, c'est que, s'il y a, par exemple, actuellement pour cinquante millions de Traites à la Caisse d'Escompte, les Tireurs de ces Traites se verront forcés de les réaliser en espéces; ce qui vous donnera pour cinquante millions de Numéraire non plus fitif, mais très-réel ; que, d'un autre côté, quantaux Actionnaires, il n'en réfultera encore autre chofe, fi-non qu'après avoir partagé les bénéfices de la Caiffe, ils feront mis au rang des Créanciers de l'Etat, pour ce qu'ils ont prêté au Tréfor-Royal, & payés, en conféquence, à des époques fixes, avec toute l'exactitude qu'on doit attendre d'une Nation qui s'eft rendue garante des Dettes de fon Gouvernement : or je n'imagine pas qu'on puiffe mettre de tels événemens au nombre des événemens malheureux ; d'ailleurs, je vous répéte que les chofes en font au point que je crois maintenant ces événemens inévi-tables, & que le moment de la liquidation forcée eft arrivé, quoiqu'on puiffe faire.

Rempli de mes idées, j'aurois encore une infinité de chofes à vous développer, Meffieurs, fur tous les inconvéniens de la Caiffe d'Efcompte, & fur les maux qu'elle a occafionnés, & qui vous paroiffeut fi fenfible aujourd'hui, & cela fingulièrement en facilitant aux Miniftres déprédateurs & dilapidation de nos Finances ; mais je fuis obligé de me borner au peu que je viens de vous dire, n'ayant eu qu'une nuit pour raffembler & rédiger, à la hâte, quelques lambeaux jettés fans deffein, & dont j'ai tiré ce que vous venez d'entendre (1). D'un autre côté, vos Commiffaires

---

(1) Ici l'on me permettra de faire obferver à mes Lecteurs, qu'ils ont mon Rapport, tel que je l'ai rédigé dans l'efpéce de tumulte de mes idées, pendant le court efpace que m'a laiffé la circonftance de la lecture du Rapport des autres Commiffaires. Je fçais qu'il y auroit des

ayant eux-mêmes foutenu l'impoffibilité d'avoir recours à quelques reffources minutieufes qui vous ont été propofées, telles que de petits Billets de cent livres & de cinquante livres, je ne dois pas fatiguer votre attention par des répétitions, & abufer, plus long-temps, de l'indulgence avec laquelle vous m'écoutez.

Il me femble, ainfi que je l'ai établi, que la principale caufe de la rareté du Numéraire dans la Capitale, eft l'exiftence de la Caiffe d'Efcompte,

Que, plus on y multipliera le Papier de cette Caiffe, & moins le Numéraire reviendra,

Que fi l'on étend la circulation de ce Papier dans le Royaume, on opérera dans les Provinces la même rareté d'efpéce que dans Paris,

Que cette rareté d'efpéces opérée dans les Provinces, détruira infailliblement le peu de Commerce qui y refte,

Que l'Affemblée Nationale a donc porté un Décret dont les conféquences feront funeftes, en permettant que le Papier de la Caiffe s'accrût de la fomme énorme de 80 millions :

Et, fi j'ai prouvé toutes les conféquences que je raffemble ici, il me femble auffi que j'ai prouvé : qu'il importe que l'Affemblée Nationale, revenant fur fon Décret, prenne à-la-fois en confidération, & la Finance & le Commerce, attendû

---

raifons à ajouter, des raifonnemens foit à étendre, foit même à réduire, mais le refpect que je dois à la Commune, qui a ordonné l'impreffion de ce Rapport, me fait une Loi de préfenter mon travail, avec toutes fes imperfections, fauf, fi l'on cherche à y répondre, à me prévaloir de ce que je n'ai pas eu le temps de détailler, ou fi l'on demande de plus amples éclairciffements, à donner les objets que j'ai omis, comme un fupplément à mes idées.

que l'un eſt l'aliment de l'autre ; & qu'en cherchant les moyens de liquider la Caiſſe d'Eſcompte, avec le moins de commotion poſſible, elle procure au Gouvernement d'autres reſſources que les ſecours dangereux de cette Caiſſe.

Je ne vois plus qu'une Obſervation à faire ſur le reſpect qu'on doit à l'Aſſemblée Nationale ; reſpect qui ſemble ne pas permettre de revenir ſur ſes Décrets, & qui doit conſolider celui dont j'ai démontré le vice.

Meſſieurs, perſonne ne reſpecte plus que moi l'Aſſemblée Nationale, parce qu'il faut toujours reſpecter le premier Corps Politique de l'Etat ; mais ce reſpect ne va pas juſqu'à une ſoumiſſion déraiſonnable, attendû que toute ſoumiſſion qui n'eſt pas raiſonnée, prépare ou raméne la Servitude. Ainſi donc, je ne connois pas de manière plus digne & plus convenable de témoigner ſon reſpect à cette auguſte Aſſemblée, qu'en l'éclairant.

Vous êtes tous perſuadés, Meſſieurs, que cette Aſſemblée veut la proſpérité, le bonheur de la France ; ſi nous lui montrons les moyens de les faire naître, n'en doutez pas, elle s'empreſſera de les adopter.

Il ne me reſte plus, en réſumant toutes les réflexions que je viens d'avoir l'honneur de vous ſoumettre, qu'à vous propoſer un Arrêté, qui vous mette dans le cas d'oppoſer, le plus promptement poſſible, une digue ſalutaire aux progrès du mal dont nous-nous plaignons ; & voici ce projet d'Arrêté.

« La Commune de Paris, s'étant occupée des Réclamations des Diſtricts, relativement à la ſituation alarmante dans laquelle la rareté du Numéraire a plongé la Capitale ;

Après avoir oüi le Rapport de ſes Commiſſaires ſur les cauſes de cette rareté , & les moyens propres à la faire ceſſer ;

Conſidérant qu'elle réſulte principalement de l'exiſtence de la Caiſſe d'Eſcompte, & que le ſeul moyen de ramener le Numéraire eſt la liquidation de cette Caiſſe ; elle arrête ,

1°, Qu'il ſera fait une *Adreſſe* à l'Aſſemblée Nationale , pour la ſupplier de venir au ſecours de la choſe publique , & ſur-tout de la Capitale , afin qu'en abrogeant un Décret dont l'expérience , autant que les raiſonnemens , lui atteſtent les dangereux effets , elle ordonne que la Caiſſe d'Eſcompte ſera inceſſamment aſtreinte à faire ſa liquidation , de la façon la plus convenable au Pouvoir Exécutif & au Public , & la moins onéreuſe aux Actionnaires ; que, pour la ſuppléer, il ſera créé , ſur la Caiſſe de l'Extraordinaire , un Papier dans lequel le Gouvernement trouvera des reſſources , non-ſeulement égales, mais même plus faciles, plus avantageuſes & plus abondantes que celles qu'il pouvoit tirer de la Caiſſe-d'Eſcompte , lequel Papier porteroit l'intérêt légal au profit du Propriétaire ; & , au moyen d'une hypothéque certaine , acquereroit promptement une faveur ſingulière & conſtante ;

2° Qu'il ſera fait , en conſéquence , une ſeconde *Adreſſe* au Roi , dans laquelle les divers motifs de bien public & d'utilité générale , ſeront expoſés avec préciſion , & Sa Majeſté reſpectueuſement ſuppliée d'ordonner à ſes Miniſtres de ſe concerter avec l'Aſſemblé Nationale , afin de concourir à une opération auſſi eſſentielle , & auſſi néceſſaire dans les circonſtances;

Et 3° que le préſent Arrêté ſera communiqué à toutes les Chambres du Commerce , à toutes les Municipalités du Royaume & à tous les Diſtriĉts de la Capitale.

De l'Imprimerie de LOTTIN *l'aîné* & LOTTIN *de S.-Germain*, Imprimeurs-Libraires Ordinaires de la Ville, rue S.-André-des-Arcs, (N° 27) *Fév.* 1790.